Reise durch

KUBA

Bilder von

Karl-Heinz Raach

Texte von

Ulli Langenbrinck

INHALT

Erste Seite:
Ein Verwirrspiel auf kubanische Art am Malecón: der Traum von der karibischen Idylle, einmal auf Leinwänden, einmal echt.

Vorherige Seite:
Der Blick schweift über Alt-Havanna, das historische Herz der Haupt-

stadt mit Häusern aus dem 16. bis 19. Jahrhundert, bis hin zum Capitolio, einer Replik des Washingtoner Kapitols.

Unten: Kubas Bevölkerung ist jung – mehr als die Hälfte der Bevölkerung ist unter 20 Jahre alt. Hier lachen Kinder bei Levisa in der Provinz Holguin in die Kamera.

Seite 10/11: Die markante Landschaft erinnert an eine chinesische Tuschezeichnung – das legendäre Tabaktal bei Viñales mit seinen charakteristisch geformten Mogotes (Karstfelsen).

12
ALLE TRÄUMEN VON KUBA

26
LA HABANA
– DAS GESICHT ZUM MEER,
DAS HERZ AUF DER STRASSE –
UND DER WESTEN

Seite 40
»Kuba – die klingende Insel«

Seite 54
»'Cuba libre!' – die Revolution«

Seite 70
»Der heilige Rauch einer Havanna-Zigarre«

86
ZUCKERROHRPLANTAGEN
BIS ZUM HORIZONT –
ZENTRALKUBA

**Seite 100
»Santería – die afrokubanischen Gottheiten«**

104
OSTKUBA UND DIE
HEIMLICHE HAUPTSTADT
DES LANDES

Seite 122: Register
Seite 123: Karte
Seite 124: Impressum

ALLE TRÄUMEN

Havanna ist die »Stadt der Säulen« (so bezeichnete sie der verstorbene kubanische Schriftsteller Alejo Carpentier) und der Oldtimer. Leicht angenagte Pracht am Prado, einem vom Malecón südwestlich wegführenden Boulevard in Havanna.

Ein lachendes, grüngeschecktes Krokodil, das träge in der türkisblauen karibischen See schwimmt – so sah der Dichter Nicolás Guillén seine Heimat Kuba. Ein subtropisches Urlaubsparadies mit Puderzuckerstränden, blaugrünen warmen Meereswellen, luxuriösen Hotels und romantischer Kolonialarchitektur – so taucht Kuba in den Reiseprospekten auf. Und seit dem Welterfolg der charmanten alten Troubadoure des »Buena Vista Social Club« ist Kuba auch der Inbegriff für Musik, die den Europäern in die Beine fährt. Für die spanischen Kolonialherren dagegen war die Zuckerinsel über Jahrhunderte ein unermüdlicher Kassenfüller, für die afrikanischen Sklaven, die das Zuckerrohr schnitten, bedeutete die Insel endlose Fron. Die USA, der mächtige Nachbar im Norden, behandelte die größte Antilleninsel als seinen angestammten Hinterhof, in dem er politisch, militärisch, wirtschaftlich und touristisch schalten und walten konnte, wie es ihm beliebte. Al Capone, Meyer-Lanski & Co mischten fleißig mit: Für die Mafia war Kuba in den »roaring fifties« ein williger Sandkasten, ein buntes Bordell, eine perfekte Geldwaschanlage. Für viele Lateinamerikaner und Europäer wiederum hatte sich Kuba seit der Revolution 1959 in ein Fanal der Hoffnung verwandelt, das sich anschickte, seine eigenen revolutionären Utopien wahr zu machen: Die Insel als Modell für eine bessere Gesellschaft – und ganz nebenbei, durch ihre strategisch günstige Lage im Golf von Mexiko und vor

VON KUBA

der Haustür der USA, für die damalige Sowjetunion ein ungemein wichtiger Widerhaken im Fleisch ihres Erzfeindes.

»Alle träumten von Kuba« – der Titel eines Romans von Miguel Barnet über einen galicischen Auswanderer, der seine Heimat in Spanien verlässt, um auf der karibischen Insel sein Paradies zu finden, könnte auch als Motto über Gegenwart und Geschichte Kubas stehen. Diese Insel hat, wie wenige andere, unzählige Träume geweckt: Träume von Reichtum und Macht bei Entdeckern, Piraten, alten und neuen Kolonialherren sowie bei diversen Weltmächten. Träume, die sich in Albträume für die indianischen Ureinwohner und die afrikanischen Sklaven verwandelten. Träume von einem besseren Leben für hoffnungsvolle Auswanderer, Träume von einem neuen Gesellschaftsmodell für Revolutionäre, Soziologen und Philosophen überall auf der Welt. Und nicht zuletzt: den Traum vom perfekten Urlaub unter Palmen.

TRAUMSTRÄNDE UND SANFTES MEER

Alle Perspektiven auf die Insel, so unterschiedlich sie auch sein mögen, enthalten mehr als nur ein Körnchen Wahrheit: Die Traumstrände und das sanfte Meer gibt es wirklich, die Kolonialarchitektur ist tatsächlich imposant, die Musik (nicht nur die des Buena Vista Social Club) ist allgegenwärtig und liegt wie ein beständiges Flirren in der Luft. Und die Revolution hat wahrhaftig, wenn auch »nur« vorübergehend, Grundübel beseitigt, unter denen andere Länder Lateinamerikas und der Dritten Welt noch heute leiden. Doch Kuba wäre nicht Kuba, wenn es sich mit diesen einfachen Wahrheiten begnügen würde: Die Insel ist vor allem ein Paradies der Widersprüche und Vermischungen: Afrokubanische Götter und atheistische Staatsdoktrin, Mangelwirtschaft und Luxushotels, sowjetische Ersatzteile in amerikanischen Oldtimern, laue Brisen und Hurrikans, Peso-Gehälter und Dollar-Preise, leere Geschäfte und florierender Schwarzmarkt, karibische Sanftmut und blutige Aufstände ... Erträglich und lebbar ist diese alltägliche und meist wenig traumhafte Achterbahnfahrt für die Kubaner vor allem durch ihren unverwüstlichen Humor, ihre zupackende Fantasie und ihren unbedingten Überlebenswillen.

ACHTERBAHNFAHRT DER GESCHICHTE

Humor, Fantasie und Überlebenswillen waren in Kuba immer und zu allen Zeiten vonnöten. »Dieses Land war immer in Kämpfe verwickelt«, sagt der kubanische Schriftsteller und Ethnologe Miguel Barnet. »Gegen die Sklaverei, gegen die spanische Kolonialherrschaft und dann gegen den Neokolonialismus, den die USA hier errichtet haben.«

Sollten je paradiesische Zustände auf Kuba geherrscht haben, so gingen sie an jenem 28. Oktober 1492 zu Ende, als die Karavellen des Kolumbus in der Bariay-Bucht bei Gibara (Provinz Holguín) landeten. Innerhalb weniger Jahrzehnte war die Urbevölkerung vernichtet – durch Krieg, eingeschleppte Krankheiten und Fronarbeit. Die Spanier vermuteten unerschöpfliche Goldfunde, die dringend in den Kassen der Krone erwartet wurden, und die Enttäuschung war groß, als sich der Traum vom Goldrausch nicht erfüllte. Also musste die Insel auf anderem Weg Reichtum liefern: Die Spanier holzten die Wälder ab, die noch zu Kolumbus' Zeiten die gesamte Insel bedeckt hatten. »Man kann die Insel von einem Ende bis zum anderen durchwandern, ohne jemals die Sonne zu sehen«, hatte Bartolomé de las Casas geschrieben. Sie legten gigantische Zuckerrohrfelder an, auf denen hunderttausende afrikanische Sklaven unter erbärmlichen Bedingungen das »grüne Gold« schneiden mussten. Havanna wurde zum größten Sklavenumschlagplatz der Karibik und blieb es, selbst nachdem andere europäische Kolonialmächte wie Großbritannien 1807 den Sklavenhandel verboten, weil er angesichts von Dampfmaschinen immer unwirtschaftlicher wurde. Dabei mussten die Sklavenhalter ständig um ihre guten Geschäfte zittern, denn die Geschichte der Sklaverei war gleichzeitig die Geschichte der Sklavenaufstände. Länger als alle anderen Kolonien hielt Kuba starr an der Sklaverei fest – bis 1886.

PIRATEN UND FREIBEUTER

Der in Lagerhäusern und wachsenden Städten angehäufte Reichtum zog magisch Piraten und Freibeuter jeglicher Provenienz an – kaum ein Ort auf der Insel, der nicht mindestens einmal oder immer wieder von Piraten überfallen und gebrandschatzt wurde. Und es war die spanische Kolonie, die

Ein Altar für die hungrigen Götter Kubas (links die Meeresgöttin Yemayá). Die Santera Alicia aus Havanna ist außerdem Spiritistin – je vielfältiger der Kontakt zum Götterhimmel, desto effektiver.

sich als letzte vom Mutterland löste – zwei Befreiungskriege (von 1868 bis 1878 und von 1895 bis 1898) waren dazu nötig. Doch mit dem Ende des zweiten Befreiungskrieges wurde die Spirale der Gewalt erst richtig angezogen. In den letzten Tagen jenes Krieges, als die kubanischen Unabhängigkeitskämpfer militärisch bereits gesiegt hatten, schalteten sich die USA unter einem Vorwand in den Krieg gegen die Spanier ein und übernahmen die Insel auf wenig elegante Weise – 12 000 »marines« landeten auf Kuba und hissten statt der kubanischen Flagge das Sternenbanner. So wurde die spanische gegen die US-amerikanische Oberhoheit ausgetauscht, denn in der ersten, 1902 verabschiedeten Verfassung der Insel erlaubte ein Absatz (Platt Amendment) den USA, jederzeit militärisch einzugreifen, wenn ihre politischen und wirtschaftlichen Interessen auf Kuba in irgendeiner Weise beeinträchtigt würden. Und: die USA bekamen zwei Militärstützpunkte zugesprochen; einen davon, in der Bucht von Guantánamo, besitzen sie noch heute.

Die amerikanischen »marines« sollten noch öfter auf Kuba landen, mal, um ein Marionettenregime zu stürzen, mal, um ein neues ins Amt zu heben. Palastrevolten, Militärputsche, kleine und große Diktatoren – unabhängig von ihrer politischen Lebenszeit war ihnen die Geldgier gemeinsam –, blutig niedergeschlagene Aufstände, ein mit beispielloser Gewalt beendeter Generalstreik, erneute Militärputsche und immer wieder aufflackernde Rebellionen prägten die gebeutelte Insel bis weit in die fünfziger Jahre des 20. Jahrhunderts. Mafiosi jeglicher Couleur pflegten allerbeste Beziehungen zum Diktator Batista (1952 durch einen Militärputsch an die Macht gekommen), der ihnen freie Hand für Spielbanken und Geldwäsche gab und im Gegenzug reichlich Taschengeld für seine teuren Hobbys bekam.

DIE BEWEGUNG DES 26. JULI

Viel Geld brauchte Batista auch, um die Rebellen in Schach zu halten, die seit 1956 in den Bergen der Sierra Maestra kämpften und Tag für Tag mehr Zulauf erhielten. Die »Bewegung des 26. Juli« unter Führung von Fidel und Raúl Castro und dem argentinischen Arzt Ernesto Che Guevara war nach knapp drei Jahren Guerrillakampf aber nicht mehr zu kontrollieren. Immer mehr Batista-Soldaten liefen zu den Rebellen über, und die »Bewegung« breitete sich bis in die Städte aus – auch im fernen Havanna mehrten sich Guerrilla-Anschläge. Im Dezember 1958 hatte die Guerrilla gesiegt. Ein riesiges Rebellenheer zog aus der Sierra Maestra zuerst in Santiago ein, marschierte dann quer durchs Land und hielt am 8. Januar 1959 triumphalen Einzug in Havanna, nachdem die bärtigen Guerrilleros in jedem Ort von begeisterten Menschenmengen gefeiert worden waren. Batista griff noch einmal tief in die Staatskasse und floh mitsamt seiner Familie per Flugzeug in die Dominikanische Republik. In Kuba brach eine neue Zeitrechnung an: »vor« und »nach« der Revolution.

Der karibische David widersetzte sich dem Goliath aus dem Norden, die Zuckerinsel rebellierte gegen die Gesetze des Weltmarktes und setzte die bis dahin geltende Formel außer Kraft, die da lautet: im Hinterhof der USA bestimmen die amerikanischen Präsidenten und im Zweifelsfall die »marines«. Als 1959 die Rebellen siegten, wurde eine Utopie wahr: Zum ersten Mal sollte in einem Land der Dritten Welt soziale Gerechtigkeit herrschen, sollte die Mehrheit der Bevölkerung nicht mehr von Wissen, Kultur und medizinischer Versorgung ausgeschlossen werden. Die vielzitierten Errungenschaften der Revolution sind bis heute sichtbar und spürbar: In Kuba gibt es mit 3 Prozent weniger Analphabeten als in den USA und überproportional viele Hochschulabsolventen. Das kostenlose Gesundheitssystem, die Seuchenbekämpfung und viele neue Wohnungen auf dem Land sorgten für eine mit Industrieländern vergleichbare Lebenserwartung. Die Gleichberechtigung der Frau wurde gesetzlich verankert, die Rassentrennung aufgehoben. Der Preis: ein strikt geführtes Ein-Parteiensystem mit dem »máximo leader« Fidel Castro an der Spitze, der sich seit den sechziger Jahren wirtschaftlich und politisch eng an die Sowjetunion anschloss. Kaum ein Staatsmann ist

Tabakanbau ist eine komplizierte Angelegenheit, doch die Tabakbauern im Tal von Viñales auf West-Kuba sind weltweit anerkannte Experten.

wie Fidel Castro seit mehr als vierzig Jahren an der Macht und hat Katastrophen überlebt, von denen jede einzelne ausreichend gewesen wäre, jedes Regime der Welt zu stürzen: angefangen mit den zahllosen Attentatsversuchen, einer (zurückgeschlagenen) Invasion, einem jahrzehntelangen und immer wieder verschärften Handelsembargo, über die »Raketenkrise« 1962, diversen innenpolitischen Machtkämpfen bis hin zum Untergang des sozialistischen Lagers und dem damit für Kuba verbundenen Wirtschaftskollaps. Auch diverse Fluchtwellen konnten sein Regime nicht erschüttern; gleich in den ersten Jahren der Revolution hatten Zehntausende halbwegs wohlhabende Kubaner die Insel verlassen und waren nach Miami geflüchtet. Sie waren jedoch nur die Vorboten einer massiven Fluchtbewegung in verschiedenen Schüben, die 1984 (Mariel) und 1995 ihre bisherigen Höhepunkte fand.

KUBA HEUTE

Auch die jetzige Situation, eine Art halsbrecherisches Zwitterdasein zwischen Resten des Sozialismus und immer bestimmenderen Elementen des Kapitalismus, scheint den grau gewordenen Revolutionär nicht anzufechten, obwohl diese recht eigenwillige Variante des Kapitalismus à la cubana im Alltag absurde Blüten treibt. Steuern zum Beispiel, ein klassisches Instrument des Kapitalismus, werden heutzutage als Knebel für Privatinitiative eingesetzt. Irgendwo eine Aspirintablette oder eine Einweg-Spritze aufzutreiben, ist ein mühsames, wenn nicht aussichtsloses Unterfangen; eine schwierige Herzoperation dagegen bekommt man auf Staatskosten – vielleicht, weil sie sich medienwirksamer inszenieren lässt? Doch die größte Absurdität auf Castros Insel ist wohl die Tatsache, dass Kubaner in Peso bezahlt werden, für die meisten Konsumgüter aber Dollar gebraucht werden. Was aus diesem Land eigentlich zwei Länder gemacht hat: Dollar-Kuba (funktioniert) und Peso-Kuba (funktioniert nicht). Dazu gehört die schmerzliche Entwicklung, dass Kubaner in ihrem eigenen Land zu Menschen zweiter

Klasse degradiert werden. Für die Regierung Castro könnte sich vor allem Letzteres zu einer Zeitbombe entwickeln.

FEIERABEND IN HAVANNA

Unter den Bäumen in den Nebenstraßen des Vedado-Viertels stehen wackelige Tische, umringt von Männern in Unterhemden, die konzentriert und blitzschnell Dominosteine auf die Tischplatte klatschen. Aus den Fenstern schallen gesungene Satzfetzen – »hättest du mich so geliebt wie ich dich, mein Täubchen, wir wären glücklich geworden ... hättest du mich so geliebt wie ich dich ...« und irgendwo gackert eine Henne. Es riecht nach frittierten Kochbananen, nach schwarzen Bohnen mit Knoblauch und Zwiebeln, nach ausgelaufenem Benzin, und plötzlich nach sehr viel Seife und Deodorant. Ein Grüppchen junger Mädchen macht sich hochgestöckelt und kichernd auf, die Jungs aus der Nachbarschaft zu erobern, in unglaublich knappen, neonfarbenen Hot Pants, mit wallenden schwarzen Rauschehaaren, rosafarbenen Mündern und klappernden Ohrringen. Die Dominospieler sind zwar nicht das Ziel dieser Prachtentfaltung, doch sie verdrehen flehend die Augen zum Abendhimmel – »hättest du mich so geliebt wie ich dich, meine Schönste, mein Himmelchen, meine Königin ...« Einer der Männer, ein älterer Mulatte mit weißen Kraushaaren, rutscht von seinem Stuhl, fällt mit ausgebreiteten Armen vor den vielfarbigen Schönheiten auf die Knie und grinst dabei über sich selbst. »Ay, tío«, gurrt eines der Mädchen, »Onkelchen, wann reparierst du mein Fahrrad?« Der kniefällige Dominospieler ist wohl der Herr über die »Ponchera« in der Garage gleich nebenan. Hier werden Fahrradschläuche, die die wilde Fahrt über die spitzigen Schlaglöcher Havannas nicht überlebt haben, so oft geflickt, dass sie aussehen wie besonders aparte Patchworkdesigns. Oder der Mulatte zaubert, wenn nötig, aus einem alten Fahrrad, einigen Brettern und wenigen Schrauben einen funktionsfähigen Umzugswagen. »Sofort, mein Täubchen«, flötet der Fahrradkönig, »was bekomme ich dafür?« Die Schöne rollt mit den Augen, lacht und ist hinter der Straßenecke verschwunden. Ein Junge steht neben den Dominospielern, ein flatterndes Huhn unter dem Arm, das zum Verkauf steht, nur fünfzig Pesos, ein Viertel des Monatseinkommens eines Facharbeiters. Da naht die Staatsgewalt in Person eines blauunifor-

Ein »Paradies unter Sternen« – im legendären Nachtclub Tropicana in Havanna tanzen nur die Besten. Die weltberühmte Show existiert bereits seit 60 Jahren.

mierten Polizisten, der an einem Eis lutscht. »Bisschen teuer, das Huhn«, sagt er und fragt nach Eiern. Eier gibt es noch ein paar von heute morgen, und der Junge dreht sich um und bedeutet dem Uniformierten, ihm zu folgen. Die Dominospieler beeilen sich mit ihrem Spiel, denn die subtropische Dämmerung ist kurz. Dramatischer Sonnenuntergang, blutrot und gold-violett gefleckt der Himmel, dann ist es plötzlich tiefschwarz, als hätte jemand das Licht über der Insel ausgeknipst. Zeit für die Telenovela, das heilige Abendritual, in diesem Fall kommt die Seifenoper aus Brasilien. Zum Glück kein apagón heute, kein Stromausfall, seufzt die Straße, also kann man es sich auf wippenden Schaukelstühlen vor flimmerigen Mattscheiben gemütlich machen, umfächelt von surrenden Ventilatoren. Den afrokubanischen Göttern, dem Bärtigen (Fidel Castro), dem Papst oder wer auch immer heute Abend den Strom nicht abstellt, sei Dank.

DAS ABENTEUER DER FORTBEWEGUNG

Solche oder so ähnliche Szenen kann man leicht beobachten, wenn man sich nur ein wenig von den üblichen Reisewegen entfernt – in der Metropole Havanna, in der »heimlichen Hauptstadt« Santiago, in gepflegten Kolonialstädtchen wie Trinidad, in namenlosen Orten auf dem Land, oder einfach unterwegs. Zwar ist der Transport einer der größten Probleme auf Kuba – die fauchenden altersschwachen Busse, die aus containerähnlichen Gebilden auf Lastwagenachsen zusammengeschweißten Gefährte, im Volksmund »camellos« (Kamele) genannt, die endlosen Warteschlangen an den Haltestellen und vor allem die unzähligen trampenden Menschen überall im Land geben davon beredt Zeugnis. Eigentlich ist es kaum möglich, ohne Dollar größere Strecken in einem Fahrzeug zu überwinden, doch wie von Geisterhand bewegt, machen sich täglich Tausende und Abertausende Kubaner auf den Weg irgendwohin. Das ganze Land ist ständig unterwegs. Der Weg zur Arbeit kann Stunden in Anspruch nehmen. Man muss die Tante ins Krankenhaus bringen – ein Abenteuer. Schüler wollen vom Landinternat nach Hause – eine halbe Weltreise. Ein Papier bei einer Behörde abstempeln lassen, Benzin besorgen, Lebensmittel kaufen oder verkaufen, einen Freund besuchen – all dies treibt die Menschen auf improvisierte Fahr-

In Tarará (östlich von Havanna) lebte zeitweise Che Guevara; später entstand hier eine »Pionierstadt«, in der Kinder aus ganz Kuba ihre Ferien verbringen konnten. Vor einigen Jahren wurde die Anlage zu einem Jachthafen umgebaut.

zeuge und an die Ränder der Landstraßen und der Autobahn. Da wartet der Polizist mit einem Gefangenen, den er in ein anderes Gefängnis überstellen muss, in der sengenden Sonne auf eine Mitfahrgelegenheit. Eine Ärztin, die einen dringenden Krankenbesuch im Nachbardorf machen muss. Eine Gruppe Jugendlicher mit Gettoblastern, die ein bisschen im Meer baden wollen. Die Direktorin einer Elektrofabrik, die zu einer wichtigen Besprechung am anderen Ende der Stadt will. Eine weiß gekleidete alte Frau mit vielen bunten Ketten und Armreifen, die im Wald nach Zauberkräutern suchen möchte, um die Meeresgöttin Yemayá günstig zu stimmen. Ob vor der malerischen Kulisse der sattgrünen Sierra Maestra, oder auf der schnurgeraden Überlandstraße in Zentralkuba zwischen Zuckerrohrfeldern, die bis hinter den Horizont reichen, ob im berühmten Tabaktal Viñales zwischen den kegelartig aus dem flachen Boden aufragenden Kalkfelsen und grün-silbrig schimmernden Tabakfeldern oder an der stinkenden, lauten Ausfallstraße hinter dem Hafen von Havanna – überall stehen Menschen an der Straße und warten darauf, irgendwohin mitgenommen zu werden. »Házme el favor«, tu mir den Gefallen, denn ohne Gefallen geht in Kuba gar nichts. Also hält man an, lässt einsteigen und hört zu: hört ihren Geschichten zu, ihren Witzchen, beantwortet viele Fragen, bekommt eine Banane, einen Rat oder eine Einladung geschenkt, aber vor allem: Geschichten. Banale, anrührende, tragische, absurde, komische, herzergreifende und skurrile Geschichten aus fremden Leben und Lieben. Sie reihen sich zu einem langen Film oder einem dicken Roman, der von einem Land erzählt, das noch mehr Überraschungen, Abgründe und Widersprüche bereithält, als man es selbst nach langen Jahren für möglich gehalten hat. Dabei sind die tatsächlich auf Kuba gedrehten Filme, die hier geschriebenen Romane und die überaus reichhaltige Musik vorzügliche Wegweiser, um dem Geheimnis der Magie, die diese Insel ausübt, auf die Spur zu kommen. Wer von dieser Magie berührt wurde, den lässt sie nicht mehr los. So viel ist klar: man kann Kuba lieben oder hassen, doch gleichgültig lässt diese Insel niemanden.

Seite 22/23:
Sehr viele Zigarrendreher sind Frauen – auch für sie gilt natürlich das Recht, bei der Arbeit so viel Zigarren zu rauchen, wie sie möchten.

Seite 24/25:
Ohne Auto kommt man nicht zum Strand... Die Playas del Este bei Havanna sind beliebtes Ausflugsziel der Stadtbewohner, die sich jedes Sommerwochenende an den kilometerlangen Sandstränden erholen.

LA HABANA – DAS GESICHT ZUM MEER,

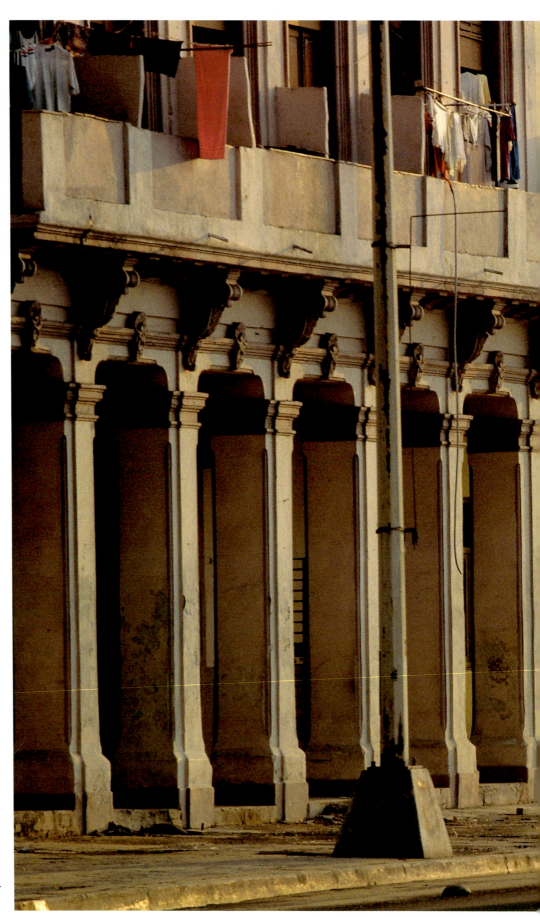

Sonnenuntergangsstimmung am Malecón – der Lebenslinie und Flaniermeile Havannas. Hier schlägt das Herz der Hauptstadt.

Havanna lebt mit dem Gesicht zum Meer und mit dem Herzen auf der Straße. Zuerst spürt man es am Malecón, der sechs Kilometer langen Uferpromenade, wenn am Spätnachmittag Familien, Liebespaare und Touristen an der niedrigen breiten Mauer entlang flanieren. Der Malecón ist so etwas wie die Lebenslinie Havannas. Er beginnt kurz hinter der sorgsam restaurierten historischen Altstadt, die sich wie eine »steinerne Schnecke« in die Bucht schmiegt. Dann führt der Malecón an den pastellfarben verwaschenen Häuserfronten des Viertels »Centro Habana« vorbei, das entstand, als Althavanna aus allen Nähten platzte. Breit wird der Malecón, wenn er das Vedado-Viertel berührt.

Das andere Ende des Malecón leitet über zum Villen- und Diplomatenviertel Miramar, doch hier hat der Malecón das Meer verlassen und ist zur »Quinta Avenida« geworden, der kubanischen Variante der Fifth Avenue.

Höhlenfans, Naturliebhaber, Taucher und passionierte Zigarrenraucher müssen sich obligatorisch auf den Weg nach Westen machen, in die Provinz Pinar del Río. Schon bald taucht man in die grün bewachsenen Berghänge der Sierra del Rosario ein, einem 260 Quadratkilometer großen Naturpark. Die Höcker des »Rosenkranz-Gebirges« gehen weiter westlich über in die etwas rauere »Sierra de los Órganos«. Doch die bizarrste, leicht chinesisch anmutende Landschaft findet man nördlich der Provinzhauptstadt Pinar del Río und rund um das legendäre »Tabakdorf« Viñales: Wie aus der Form geratene Zigarren wachsen grünüberwucherte Kalksandstein-Kegel (Mogotes) aus dem tischflachen Boden. Unter der Erde geht es ähnlich spektakulär zu. Unterirdische Flüsse und Bäche haben hier ein weitverzweigtes Höhlensystem geschaffen, in dem vor den spanischen Zeiten die indianischen Ureinwohner lebten. Doch die größte Attraktion der Provinz sind die silbrig schimmernden Tabakfelder, auf denen die besten Sorten der Welt wachsen.

DAS HERZ AUF DER STRASSE – UND DER WESTEN

Seite 28/29:
Bis zur Revolution war das Kapitol – eine exakte Nachbildung des Washingtoner Vorbilds – ein sinnfälliges Symbol für die tatsächlichen Machtverhältnisse auf Kuba. 1926 bis 1929 erbaut, beherrscht es weithin sichtbar das Stadtbild Havannas.

Rechts:
Mitten in der Stadt fischen sich die Habaneros ihr Abendessen aus dem Meer.

Rechts Mitte:
Kubanische Fiesta – umsonst und draußen. Fantasie und Lebenslust begegnet man auf dem Malecón.

Unten:
Das Meer beherrscht Havanna. Yemayá ist leicht verärgert und lässt die Wellen gegen den Malecón klatschen.

Ganz rechts:
Wem der Strand zu weit ist, der badet einfach an der Uferpromenade.

Unten:
Selbst an der Hafeneinfahrt vor dem Hintergrund der Festung El Morro wird am Malecón noch geangelt.

Unten Mitte:
Schauspringen und sommerliche Erfrischung am Malecón – Badevergnügen mitten in der Stadt.

Ganz unten:
Der Malecón ist eine Art öffentliches Wohnzimmer der Stadt: Auf dem Mäuerchen sitzen Verliebte, Einsame, ganze Familien, hier finden improvisierte Partys statt oder man trifft sich einfach zum Plausch und genießt die Abendsonne.

Seite 32/33:
Die Festung El Morro liegt an der Hafeneinfahrt von Havanna. Der älteste Leuchtturm Kubas an der Spitze der Burg ist das Wahrzeichen der Stadt. 1589 erbaut wurde das Bollwerk bis 1630 noch immer wieder erweitert.

Das ehemalige Bacardi-Firmengebäude erinnert an die bekannte Rum-Marke. Nach der Revolution verließ Bacardi die Insel und verlagerte seine Firma in die USA. Heute heißt die bekannteste kubanische Rum-Marke Havana Club.

Eine Oase in der quirligen Altstadt Havannas ist der Innenhof (Patio) des Hotels Florida an der Calle Obispo.

Blauer Nachthimmel über der Kathedrale in Althavanna, die an einem der romantischsten Plätze Kubas, der »Plaza de la Catedral«, eingerahmt von Kolonialpalästen, liegt. Der Bau aus weichem Kalksandstein wurde 1789 mit zwei unterschiedlich hohen Türmen vollendet.

Um die Iglesia de la Merced in Althavanna zu bauen, sammelten die afrokubanischen Cabildos (Nationalitäten-Vereine der Sklaven und ihrer Nachkommen) das Geld. Sie ist der Gnadenreichen Jungfrau geweiht, die aber identisch ist mit der Gottheit Obatalá, dem Friedensgott. Seine Farbe ist weiß, weshalb man hier an Obatalás Feiertag, dem 24. September, sehr viele weiß gekleidete Gläubige sieht.

Links oben:
Auf der Plaza Central steht das Denkmal für José Martí, allgegenwärtiger Held und geistiger Vater der Unabhängigkeit Kubas, vor dem Hintergrund des neoklassizistischen Hotels Inglaterra.

Links Mitte:
Havanna ist eine Stadt, in der die Baustile bunt gemischt sind. Art Deco und Jugendstil findet man zum Beispiel hier im Treppenhaus eines Bürogebäudes im Stadtteil Vedado.

Links unten:
Im Innenhof des Klosters San Francisco de Asís

(Franziskus von Assisi) findet man Ruhe. 1608 erbaut und 1730 rekonstruiert, dient die Basilica Menor heute als Konzertsaal, das Kloster selbst als ein Museum für religiöse Kunst.

Unten:
Das Gran Teatro de La Habana, auch Teatro García Lorca, mit seiner beeindruckenden Frontfassade wurde 1838 unter der Herrschaft des Gouverneurs Tacón erbaut. Mit 2000 Plätzen ist es einer der größten Theaterbauten Lateinamerikas. Hier hat das weltberühmte kubanische Nationalballett seinen Sitz.

Unten:
Tanz auf höchstem Niveau – die Show des Tropicana lässt Rumba, Mambo, Chachachá, Bolero und Son Revue passieren.

Rechts:
Im Untergeschoss des Nationaltheaters am Platz der Revolution geht es nachts hoch her: Das Café Cantante ist Spielort für die populärsten Bands von Havanna.

Ganz rechts:
Meistens sind sie auf Welttournee, die Musiker der »Afro Cuban All Stars«, von denen viele auch bei »Buena Vista Social Club« spielen.

Rechts:
Tanz der Liebesgöttin Ochún, deren Attribute Honig und Gold sind, in den Casas de Cultura in Havanna. Die gelben Kostüme sind typisch für die Göttin.

KUBA – DIE

Kuba ist eine »klingende Insel« – spätestens seit dem Welterfolg des »Buena Vista Social Club« weiß man das auch in Europa. Doch die charmanten alten Troubadoure wie Compay Segundo, Ibrahím Ferrer und Rubén González sind längst nicht alles, was kubanische Musik zu bieten hat. Ob die Mambos und Chachachás der dancing-halls, die melancholischen Boleros gitarrenbewehrter Restaurant-Trios, das geniale spanisch-afrikanische Mischprodukt Son (Kubas Nationalrhythmus, den der Dichter Nicolás Guillén als »klingenden Rum, mit den Ohren zu trinken« bezeichnete) oder das komplizierte Rhythmengeflecht der in den Sklavenbaracken entstandenen Rumba – all diese Tänze sind in den letzten hundert Jahren auf Kuba entstanden und haben weltweit Karriere gemacht.

ANSTECKENDES RUMBAFIEBER

Das erste Mal kamen sie in den dreißiger Jahren nach Paris und mischten die Nachtclubszene auf – Musiker aus Kuba, in diesem Fall die »Lecuona Cuban Boys« versetzten europäische Metropolen ins Rumbafieber. Afrokubanische Perkussionisten wie Chano Pozo revolutionierten in den vierziger Jahren den US-amerikanischen Bigband-Jazz und verhalfen Dizzy Gillespie zur Entwicklung des Bebop. Ihnen folgten die Mambos und Chachachás der fünfziger Jahre: Nachkriegseuropa schob mit »Vor-Rück-Seit-Ran-Seit« übers Tanzparkett.

Wohl kaum ein anderes Land hat – gemessen an seiner Größe – so gewaltigen Einfluss auf die populäre Musik des 20. Jahrhunderts ausgeübt wie die karibische Zuckerinsel. Ohne die kubanischen Musiker gäbe es weder die New Yorker Salsa-Szene noch den Latin-Rock eines Carlos Santana oder die Popklänge der Miami Sound Machine. Auch wenn die ganze Karibik zu Recht als Schmelztiegel gilt – Kuba spielt eine Sonderrolle. Nirgendwo sonst gibt es eine derartige Verschmelzung aus spanischen, französischen, afrikanischen und amerikanischen Elementen, die sich in immer wieder neuen Mischungsverhältnissen verbunden haben.

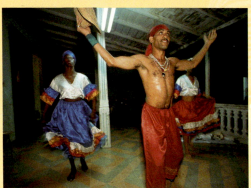

Links oben:
Die karibische Variante der höfischen Eleganz in französischen Königspalästen – Tänzerin im Nachtclub Tropicana. Auch Contredanse und Menuett lieferten Rohstoffe für kubanische Tänze.

Links Mitte:
Noch im letzten Winkel der Insel, hier in Baracoa im östlichsten Zipfel Kubas, tanzen die afrokubanischen Götter. Im Vordergrund: Changó, der Herr über die Trommeln (Folkloregruppe Bararumba).

KLINGENDE INSEL

MUSIK ALS ÜBERLEBENSMITTEL

Den Welterfolg des »Buena Vista Social Club« nimmt das kubanische Publikum zwar erfreut zur Kenntnis, doch in Kuba selbst beherrschen ganz andere Bands die Musikszene. Wenn man wissen will, wie das Lebensgefühl in Havanna ist, wie es klingt auf den Straßen in der dunklen, kubanischen Stadt, in der es immer zu wenig Dollar und zu viele Stromausfälle gibt, muss man die mit gellenden Bläsersätzen und verschlungener Perkussion garnierten Songs von Los Van Van, Adalberto Álvarez, der Charanga Habanera oder von Nueva Generación-La Banda anhören. Der geballte Alltagsärger, der sprichwörtlich bissige Humor der Kubaner, die nationale Leidenschaft für doppeldeutige erotische Wortspielchen und überhaupt der Straßenslang der schwarzen Habaneros – all dies steckt zum Beispiel in den Songs von El Tosco, wie José Luis Cortés genannt wird, der Bandleader von NG-La Banda.

Wer abends über den Malecón spaziert, hört die Songs der in Kuba angesagten Bands aus unzähligen Gettoblastern, quäkigen Transistorradios oder aus klirrenden Lautsprechern der Cafeterías hallen. Hier spürt man, was der Satz bedeutet, Havanna – und die ganze Insel – sei ein karibischer Schmelztiegel. Gierig hat diese Insel und vor allem ihre Hauptstadt alles in sich aufgenommen, was an musikalischem Material auf die Insel geschwemmt wurde und vermengte es mit dem, was auf ihr entstand. Über den Straßen liegt eine akustische Wolke, in der die Verse der alten Troubadoure anklingen, die Trommeln der afrokubanischen Rumba, Bläsersätze des amerikanischen Jazz, melancholische Boleros, die Stakkato-Tiraden des Rap, die synkopierten Schläge des Son. »Kein Mensch in Kuba sei rein weiß oder rein schwarz«, sagte der Schriftsteller Miguel Barnet einmal, »jeder trage die Elemente der anderen Kultur ebenfalls in sich«. Das gilt auch für das Phänomen der kubanischen Musik, die zuallererst einmal ein Lebensmittel ist – um nicht zu sagen, ein Überlebensmittel.

Links unten:
Beim Karneval trommeln und tanzen hunderte Congatrommler wie dieser durch die schmalen Straßen der Stadt, gefolgt von vielköpfigen Tänzergruppen – es gibt niemanden in Santiago, der beim Karneval nicht tanzt.

Oben:
Auf der Suche nach zahlendem Publikum: Musiker in Trinidad. Die meisten Musiker müssen sich mit Trinkgeldern durchschlagen.

Rechts:
Ibrahím Ferrer, Star-Sänger des »Buena Vista Social Club« und der »Afro Cuban All Stars« bei einem Heimspiel in Kuba. Weltkarriere machte er in einem Alter, in dem sich andere längst zur Ruhe gesetzt haben.

Rechts:
Feinste kubanische Zigarren stammen bestimmt aus einer der renommierten Manufakturen, wenn sie, wie hier auf der Plaza de la Catedral, von einer »offiziellen« Verkäuferin angeboten werden.

Rechts und ganz rechts:
In der Bar El Floridita in Havanna schlürfte Ernest Hemingway regelmäßig einen seiner beiden Lieblingscocktails: Daiquirí (mit einem kräftigen Schuss Rum, Zucker und Limonensaft aromatisierter Eisschaum). Wer will, kann sich im »El Floridita« mit »Papa Hemingway« fotografieren lassen, denn Ernest sitzt, in Bronze gegossen, an seinem Stammplatz an der Theke.

Links und oben: Wollte Ernest Hemingway Mojito trinken, saß er in der »Bodeguita del Medio«, in der in den fünfziger Jahren viele Drucker, Redakteure und Journalisten aus den umliegenden Zeitungshäusern verkehrten. Ein Besuch in der Bodeguita gehört zum Standardprogramm aller Kubareisenden.

Kuba dürfte das einzige ehemalige COMECON-Land sein, in dem der »sozialistische Realismus« nie Staatsdoktrin in der Malerei war. Stilistisch sind die kubanischen Künstler völlig frei, selbst die amerikanische Pop-Art hat Ableger auf Kuba. So findet man eine bunte Vielfalt an Stilen bei den kubanischen Malern. Hier drei Facetten der Kunst bei Künstlern aus Havanna: der Maler Hector Gonzales Alayo (unten), der Maler Roberto Gonzales Fernandez (rechts unten) und der Künstler, Sänger und Lyriker Marcos A. de Armas (rechts).

Oben:
Die Gebäude in der Calle Hamel, einer kleinen Sackgasse, in Centro-Habana wurden alle von Hamel bemalt, der sich als religiöser Künstler versteht. Die Wandmalereien (»murales«) stellen afrokubanische Legenden und Götter dar, aber auch die graphischen Zeichen der afrokubanischen Geheimgesellschaft »abakuá«, die Mitte des 19. Jahrhunderts vor allem um den Hafen von Havanna entstand.

Linke Seite und links oben:
Bis zur Revolution hatten Jugendliche aus den armen (schwarzen) Bevölkerungsschichten nur zwei Möglichkeiten, Karriere zu machen: entweder als Musiker oder als Boxer. Jedes Kind kennt noch heute den schwarzen Boxchampion Chocolate aus den dreißiger und vierziger Jahren, eine Ikone des schwarzen Selbstbewusstseins auf Kuba. Auch heute wird der Sport in Kuba groß geschrieben und Talente werden systematisch gefördert. Boxen und Baseball (kubanisch: »béisbol«) sind vor allem bei den Jugendlichen sehr beliebte Sportarten.

Links Mitte:
Kuba ist eine tanzbegeisterte, tanzwütige Nation, und das klassische Ballett erfreut sich ausnehmend großer Popularität. Überall auf der Insel, selbst in der Provinz, gibt es Ballettschulen für den Nachwuchs. Wahrscheinlich träumt jede der kleinen Elevinnen davon, ins Nationalballett oder ins Tropicana zu kommen...

Links unten und oben:
Die Ausbildung der Bevölkerung ist die größte Errungenschaft der Revolution und Kubas größtes Plus. Vor der Revolution lag die Analphabetenquote in den Städten bei 23 Prozent, auf dem Land konnten über die Hälfte der Bevölkerung kaum lesen und schreiben. Heute liegt die offizielle Analphabetenquote bei 3 Prozent – niedriger als in den USA.

Seite 48/49:
Manche Oldtimer (hier am Prado in Havanna) werden nur vom Lack zusammengehalten, doch ihre Besitzer hegen und pflegen sie liebevoll, auch wenn auf Kuba kein Ersatzteil für die alten amerikanischen Autos zu bekommen ist. Improvisation und handwerkliches Geschick sind unerlässlich, wenn man einen solchen Benzinverschlinger besitzt.

Rechts:
Der Transport ist eines der größten Probleme auf Kuba. Anfang der neunziger Jahre, als der Insel der wirtschaftliche Kollaps drohte und es weder Ersatzteile für Busse, noch neue Busse, noch Benzin gab, entstand das »Camello« (»Kamel«): zwei Container wurden miteinander verbunden und auf zwei Lkw-Plattformen geschweißt.

Unten:
Wer in den privaten Oldtimer-Taxen fährt, muss die Wartezeit für eine Reparatur am Straßenrand schon mal einplanen.

Oben:
Noch immer fahren die fauchenden Ungetüme der »Camellos« durch die Straßen Havannas, immer überlastet, dicke schwarze Abgaswolken hinter sich herziehend. Keine bequeme Lösung, aber immerhin eine Notlösung.

Links:
Bequemer geht es in den seit einiger Zeit erlaubten privaten Oldtimer-Taxen zu, die wie Sammeltaxis funktionieren, in Peso bezahlt werden und eigentlich nur Kubaner mitnehmen dürfen.

Linke Seite:
Viele hochherrschaftliche Bauten Havannas wurden irgendwann zu Mietskasernen umfunktioniert: Man zog Zwischendecken ein und unterteilte die Räume in winzige Notwohnungen (»baracoas«), in denen heute noch ein großer Teil der Bevölkerung Althavannas lebt.

Kleine Bilder:
Das Leben findet in Havanna auf der Straße statt, angesichts der beengten Wohnverhältnisse kein Wunder. Die äußerst kommunikativen Kubaner machen das Beste daraus und den Kindern gefällt es sowieso. Außerdem – wieso sich in geschlossenen Räumen aufhalten, wenn man so wunderschöne Plätze wie die Plaza Vieja (oben rechts) in Althavanna hat?

»CUBA LIBRE!«

Am Abend des 24. Juli 1953 treffen sich 162 junge Männer in der zu diesem Zweck angemieteten Hühnerfarm »El Siboney« in der Nähe von Santiago de Cuba. Es sind Mitglieder einer revolutionären Bewegung, die der junge Rechtsanwalt Fidel Castro Ruz von Havanna aus organisiert hat. Als Castro ihnen den Plan eröffnet, die Moncada-Kaserne in Santiago zu überfallen – es ist die zweitgrößte des Landes – weigern sich zehn von ihnen rundheraus, an dieser selbstmörderischen Aktion teilzunehmen. Immerhin verteilen sich zwei Tage später, am Sonntag, den 26. Juli 1953, um 5 Uhr in der Frühe, 111 Männer und die beiden Frauen Melba Hernández und Haydée Santamaría auf 26 amerikanische Autos, um von Siboney geradewegs zur Moncada-Kaserne zu fahren. In der Stadt tobt der Karneval und Castro hofft, dass die meisten der 700 in der Kaserne stationierten Soldaten betrunken oder gar nicht anwesend sind. Doch Fidels Rechnung geht nicht auf. Ein Teil seiner Leute verfährt sich und kommt gar nicht bis zur Kaserne, und die Übermacht der Soldaten ist enorm. Schon nach zwei Stunden sind die schlecht bewaffneten Angreifer überwältigt. Acht von ihnen fallen im Gefecht, etwa 50 werden gefangen genommen und zu Tode gefoltert.

Fidel und Raúl Castro und einige andere können in die Berge fliehen, und als sie dort nach wenigen Tagen verhaftet werden, sind sie bereits berühmte Persönlichkeiten – die Verwegenheit ihrer Aktion hat ihnen enorme Popularität gebracht. Die Gruppe wird vor Gericht gestellt, und Fidel Castro hält eine ebenso brilliante wie berühmte Verteidigungsrede, die eigentlich eine vehemente Anklage gegen Batistas Militärdiktatur (und Grundlage für die entstehende revolutionäre Bewegung) ist: »Wo nun die Verfassung der Republik verraten worden und dem Volk alle seine Rechte genommen worden sind, bleibt ihm nur noch dieses Recht, das ihm keine

Links:
Die idyllisch gelegene Playa Girón in der Schweinebucht war im April 1961 Schauplatz einer massiven Militärinvasion, bestehend aus Exilkubanern, die vom CIA sowie mit 24 Flugzeugen und 14 Kriegsschiffen der USA unterstützt wurden. Im »Museo de la Intervención«, dem Interventionsmuseum, kann man den Hergang dieser gescheiterten Aktion nachempfinden und abgeschossene Maschinen, kubanische Panzer etc. betrachten.

Oben:
Che Guevara ist eine auch bei Touristen beliebte Ikone der Revolution. In Kuba skandieren die Kinder in der Pionierorganisation: »Seremos como el Che« – »Wir werden sein wie Che«. Seine Utopie vom »Neuen Menschen«, der sich nicht an materiellen, sondern an ideellen Zielen orientiert, sollte in Kuba verwirklicht werden.

– DIE REVOLUTION

*Rechts:
Der erste kubanische Politiker zum Anfassen. Fidel Castro wusste schon in der Sierra, dass Public Relation ein wichtiger Bestandteil der Macht ist.*

Eines der berühmtesten Fotos der Welt – Comandante Che Guevara.

Als das »ejército rebelde« (Rebellenarmee) nach einem Triumphzug durch das ganze Land am 8. Januar 1959 in Havanna einzog, herrschten in Kuba überall Hoffnung und Aufbruchsstimmung.

Comandante en jefe Fidel Castro als einsamer Gipfelstürmer.

Macht nehmen kann, das Recht auf Widerstand gegen die Unterdrückung und Ungerechtigkeit... Verurteilt mich, es macht nichts, die Geschichte wird mich freisprechen.«

Zwar ist die Guerrilla-Aktion gescheitert, doch in Kuba betrachtet man die Moncada-Aktion als Beginn der Revolution. Castro wird zu sechs Jahren Gefängnis verurteilt, ins Gefängnis »Presidio Modelo« auf der Isla de Pinos überstellt und nach zwei Jahren Haft amnestiert.

DIE BEWEGUNG DES 26. JULI

Spätestens nach seiner Entlassung gilt Fidel Castro als ernst zu nehmender politischer Gegner Batistas und wird als solcher vom Regime bedroht. Fidel, Raúl und eine Handvoll Rebellen setzen sich nach Mexiko ins Exil ab, wo sich ihrer Gruppe, die sie »Movimiento 26 de julio«, also »Bewegung des 26. Juli« nennen, der junge argentinische Arzt Ernesto »Che« Guevara anschließt. Im November 1956 kehren Fidel, Raúl und Che

mit knapp 80 Guerrilleros heimlich nach Kuba zurück, an Bord der altersschwachen Yacht »Granma«. Als die »Granma« in den Mangrovensümpfen von Los Cayuelos an der Südküste Kubas strandet, werden die Rebellen bereits von Batistas Luftwaffe und Armee erwartet. Die meisten Guerrilleros werden erschossen oder gefangen genommen, doch Fidel gelingt es, sich mit einer Handvoll Überlebender in die Berge der Sierra Maestra zurückzuziehen und innerhalb weniger Monate ein gut organisiertes Rebellenheer (»ejército rebelde«) aufzubauen. Die Bevölkerung in den Bergen, vor allem landlose Bauern, aber auch sehr viele junge Leute aus Dörfern und Städten, unterstützt die Rebellen enorm, so dass im Verlauf des Jahres 1958 die militärische und politische Macht der Batista-Diktatur im Wesentlichen gebrochen werden kann.

Als nach einer gescheiterten Großoffensive auch tausende Soldaten zu den Rebellen überlaufen, ist das Schicksal der Diktatur entschieden, denn die Gegenoffensive der Rebellen trifft an den meisten Orten auf keinen Widerstand mehr. Che Guevara und Camilo Cienfuegos nehmen nach einem letzten großen Gefecht die Stadt Santa Clara im Zentrum Kubas ein (29. Dezember), zwei Tage später unterzeichnet die Batista-Armee ihre bedingungslose Kapitulation. Am 1. Januar 1959 unterzeichnet Batista seinen Rücktritt, Fidel und Raúl Castro ziehen am 2. Januar 1959 mit ihren Truppen in Santiago ein. Am gleichen Tag verhindert ein eilends ausgerufener Generalstreik, dass eine Militärjunta die Macht übernimmt. Am 8. Januar, nach einem beispiellosen Triumphzug über die gesamte Insel, treffen die Rebellen in Havanna ein.

Reisen auf kubanisch.
Es ist kein Zufall, dass sogar einige Spielfilme auf Kuba vom Reisen beziehungsweise dem nahezu unlösbaren Transportproblem erzählen. Da sitzen Menschen in einem Busbahnhof irgendwo in der Provinz und warten tagelang auf einen Bus, der niemals kommen wird. Höflich fragen sie: »Wer war der letzte?« und lassen sich häuslich im Bahnhof nieder, durchkämpfen Eheprobleme, verlieben sich, treiben etwas zu essen auf, versuchen, den zusammengebrochenen

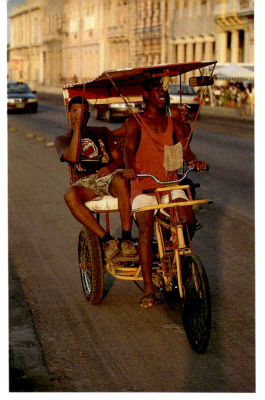

Bus selbst zu reparieren – und haben plötzlich Zeit, Dinge zu tun, von denen sie bisher nur geträumt haben (im Film »Lista de espera«, auf deutsch: »Kubanisch reisen« von Juan Carlos Tabío). Oder die makabre Geschichte vom Transport einer Leiche, die von einem Ende der Insel zum anderen gebracht werden muss – eine abenteuerliche Reise fast ohne Benzin, dafür mit unzähligen bürokratischen Hemmnissen und Verwicklungen (im Film »Guantanamera«, von Tomás Gutiérrez Alea, der auch »Erdbeer und Schokolade« gedreht hat).

Für den alltäglichen Gebrauch bastelt man sich zusammen, was man eben kann – vom Moped (Seite 56, Mitte rechts) bis hin zu ratternden Kinder-Rollern (Seite 56, unten rechts). Der Besitzer der Rikscha (Seite 56, oben links) verdient damit auch etwas Geld: Besucher lassen sich gern die Stadt aus der Fahrrad-Perspektive zeigen. Die jüngste Erfindung sind eiförmige kleine gelbe Fahrzeuge (Seite 56, Mitte links), die zu hunderten durch Havanna düsen. Wer die stickigen, heißen und überfüllten »Camellos« (Seite 57) scheut, ist auf die eigene Muskelkraft angewiesen – wobei der Besitz eines Fahrrades (Seite 56, unten links) schon viel, der Besitz eines Motorrades Gold wert ist (Seite 56, oben rechts).

Seite 58/59:
Man wirft nichts weg, denn schon morgen könnte man es in veränderter Form benutzen. Auch schlichte Wegwerf-Feuerzeuge werden sorgfältig geknackt und von Feuerzeug-Auffüllern, hier in Alt-Havanna, wieder gebrauchsfertig gemacht.

Unten:
Wer kann, hält sich wie diese Familie aus San Miguel del Padrón ein Schwein oder wenigstens ein paar Hühner, denn Fleisch und Eier sind teuer.

Links und ganz links:
Private Abgeschiedenheit scheint den meisten Kubanern nicht unbedingt erstrebenswert – nicht nur wegen Platzmangel findet ein großer Teil des Lebens auf der Straße statt. Beim Friseur plauscht man mit den Vorübergehenden, das Dominospiel wird durch Zuschauer erst richtig spannend.

Rechts oben:
Die kleine Siesta hält man dort ab, wo man sich gerade befindet – gern auch auf der Straße.

Rechts Mitte:
Auf den privaten Bauernmärkten (»agromercados«) bekommt man die unersetzlichen schwarzen Bohnen, Kochbananen, Süßkartoffeln, Yucca, Tomaten, Gurken, Paprika und was sonst gerade auf den Feldern wächst.

Rechts Unten:
Zum Leben auf der Straße gehören auch Handwerker wie dieser Schweißer, die ihren Betrieb eben dorthin ausgelagert haben.

Seite 62/63:
Den besten Blick auf die Skyline von Havanna bietet das »Castillo de los Tres Reyes del Morro«, kurz »El Morro« genannt, auf der rechten Seite der Hafeneinfahrt. Es ist eine der ältesten Festungen Havannas und sollte die Stadt vor Piratenüberfällen schützen.

Linke Seite oben und unten:
Die »Finca Vigía« bei San Francisco de Paula kaufte Ernest Hemingway 1940 und lebte dort bis zu seinem Tod 1961. Mit 9000 Büchern, vier Hunden, 54 Katzen und in vielen Jahren gesammelten Jagdtrophäen machte es sich »Papa Hemingway« hier gemütlich. Die Innenräume sind so erhalten, als wäre Hemingway nur kurz zum Fischen aufs Meer gefahren und käme gleich zurück. Besucher dürfen einen Blick durch die geöffneten Fenster werfen, aber niemand darf die Innenräume betreten.

Oben:
Nach Hemingway, dem leidenschaftlichen Sportfischer und Seebären, ist der komfortable Hafen »Marina Hemingway« in dem Stadtteil Santa Fe im Westen Havannas mit mehreren Hotels, Restaurants und Geschäften benannt.

Seite 66/67:
Das für seinen Tabakanbau berühmte Tal von Viñales war auch Heimat der Guanahatabeyes, der indianischen Ureinwohner, die hier in Höhlen lebten.

Linke Seite:
In kleinen, fensterlosen Schuppen mit einem Dach aus Palmstroh oder Blech wird der Tabak getrocknet (»casas de tabaco«).

Innen heizt die Sonne auf, wodurch die Tabakblätter ihre Feuchtigkeit ausschwitzen; exakt in dem Maße, wie die Blätter trockener werden, müssen sie höher unter das Dach gehängt werden. Später werden die Blätter befeuchtet und drei Mal fermentiert, damit eine gleichmäßige Qualität und Färbung entsteht.

Unten:
Die Tabakbauern von Viñales sind ausgewiesene Fachleute und sehr stolz auf ihre Kunst.

Oben:
Geerntet wird mit einem kleinen Schneidemesser, jedes Blatt von Hand.

Oben:
Tabakpflanzen auf den Feldern sieht man nur von Ende Oktober bis zur Ernte, die zwischen Januar und März stattfindet.

DER HEILIGE RAUCH

"Rauchen ist ein geniales sinnliches Vergnügen", heißt es in einem alten Bolero, und damit ist mit Sicherheit nicht der hektische Zigarettenkonsum gemeint, sondern der gemächliche Genuss einer von Hand gedrehten Havanna-Zigarre (und handgedreht sind sie alle). Die Spanier wunderten sich mächtig über die »merkwürdige Sitte der Indios, sich einzuräuchern« und verstanden nicht, dass diese mit Hilfe des Rauches mit ihren Göttern kommunizierten. Heiliger Rauch war das, was die indianischen Priester gen Himmel ausstießen – aber nicht durch den Mund, sondern durch die Nase.

Die auf Kuba lebenden Taínos und Siboneyes wussten genau, dass der Tabak auch eine allround-Heilpflanze ist. Seine Blätter legten sie auf Wunden, die nicht heilen wollten, Tabak kaute man, wenn man nicht schlafen konnte, und wer je in einer Hängematte oder auf dem Boden in der freien Natur geschlafen hat, weiß die Fähigkeit der un-

scheinbaren Pflanze zu schätzen, die in der Lage ist, lästige Insekten und unangenehme kleine Tiere von sich fern zu halten – man muss das Kraut nur sorgfältig um sich herum verstreuen. Nicht zuletzt deshalb hielten die spanischen Eroberer den Tabak für ein Machwerk des Teufels und der dunklen Mächte. Aber nur solange, bis sie selbst anfingen, ge-

Links:
Die fertigen Zigarren werden gebündelt und von Qualitätsprüfern nach Länge und Durchmesser sortiert.

Unten:
Auch in einer Tabakfabrik in Trinidad unterstützen die Helden der Revolution an der Wand die Herstellung des Exportschlagers Zigarre.

Ganz rechts unten:
Ob feinste Export-Zigarren oder die schlichte Version für den Hausgebrauch – ein leidenschaftlicher Zigarrenraucher lässt es sich schmecken.

EINER HAVANNA-ZIGARRE

Kleine Bilder rechts:
In Rillenkästen bringt man den Einlage-Tabak in Form (oben). Die halbfertige Zigarre wird mit dem Mantel, das heißt mit den besten Tabakblättern umwickelt (Mitte).

Das Umwickeln der Zigarrenrohlinge erfordert große Fingerfertigkeit (unten).

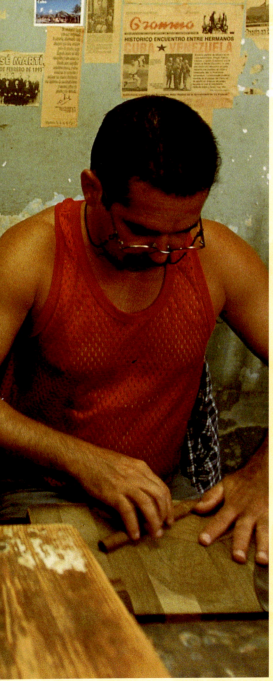

presste Tabakblätter zu kauen, oder sie kunstvoll einzudrehen und zu rauchen. Als die spanische Krone bemerkte, dass sich mit diesen »lumpigen Blättern« ein riesiges Vermögen scheffeln ließ, konzentrierte sie den Tabakanbau auf die Provinz Piñar del Río, wo die besten Boden- und Klimabedingungen für die zickigen Tabakpflänzchen herrschen.

DIE KUNST DES TABAKANBAUS UND ZIGARRENDREHENS

Der Tabakanbau ist eine ebensolche Kunst wie das Zigarrendrehen, denn die Pflanzen verlangen liebevolle und detailgenaue Zuwendung – sie lieben die Wärme, vertragen aber keine Hitze; sie brauchen Licht, hassen aber direkte Sonneneinstrahlung; nachts soll es gern kühl sein, aber nicht zu kühl... Da auch diverse Schädlinge die Tabakpflanzen lieben, muss man sie regelmäßig von ihnen befreien, kann aber kein Gift spritzen.

Dies alles wissen und beherrschen die Tabakbauern von Piñar del Río, von denen sehr viele von den Kanarischen Inseln nach Kuba kamen. Deshalb ist die Tabakprovinz auch sehr deutlich spanisch geprägt. Trotzdem lehnten sich im 19. Jahrhundert die Tabakpflanzer gegen die spanische Krone auf, denn sie mussten ihre kostbare Ware zu von der Krone festgelegten Preisen ausschließlich an Spanien verkaufen, und diese Preise waren immer zu niedrig. Im Gegensatz zu den Sklaven auf den Zuckerrohrfeldern hatten die weißen Tabakbauern und Zigarrendreher auch gesellschaftlich eine Stimme. Die meisten von ihnen waren ziemlich gebildet, denn in den Zigarrenfabriken wurde seit dem 19. Jahrhundert regelmäßig vorgelesen – Werke der Weltliteratur ebenso wie politische Schriften. Die Rebellion der stolzen Tabakbauern versank trotzdem im Blut; die meisten von ihnen wurden standrechtlich erschossen und zur Abschreckung an der Straße nach Havanna aufgehängt.

Immer noch gelten die kubanischen Zigarren gleichgültig welcher Marke (ob H. Upman, Romeo y Julieta, Montecristo, Partagas oder die edle Cohiba, lange Jahre die Lieblingszigarre des Comandante) als Spitzenprodukte, und als solche haben sie ihren Preis. Doch die veränderten Zeiten und der schwierige Alltag haben bewirkt, dass man fast überall auf der Straße »echte« Markenzigarren zu Schleuderpreisen angeboten bekommt. Hier und da ist eine Kiste vom Lastwagen gefallen, dann könnte sich der Kauf als Glücksgriff erweisen, doch meist handelt es sich dabei um wertlose Imitationen, die womöglich noch von Tabakkäfern wimmeln und die dem Ruf der kubanischen Zigarren enorm schaden. Echt ist mit Sicherheit jede Kiste, die man in den Dollarläden kauft. Leider zu schmerzhaften Preisen (die aber immer noch unter den in Europa üblichen liegen). Trösten kann den wahren Zigarrenfan nur, dass das, was er zwischen den Fingern hält und sich allmählich in Asche und Rauch auflöst, eine echte kubanische Zigarre ist. Und vielleicht trifft ihn dann, milde gestimmt, die rauchige Weisheit der indianischen Götter.

Links oben:
Ein relativ zuverlässiges, wenn auch nur mit einem PS ausgestattetes, Transportmittel ist immer noch die Pferdekutsche.

Links Mitte:
Der Radfahrer im Tabaktal von Viñales hat einen Beifahrer: ein Huhn.

Links unten:
Tabakbauer Juan. F. Hernández lebt mit seiner Familie in Viñales in einem traditionellen Haus – luftig und offen.

Unten:
Die Welt des Tabaks kommt ohne schwere Maschinen, Traktoren und Industrie aus. Pferde und Ochsen sind außerdem unabhängig von der Energieversorgung.

Seite 74/75:
Die »Tabak-Hauptstadt« Pinar del Río ist weit entfernt von der Hektik Havannas, aber lebendig und bunt.

Linke Seite:
Die Iglesia Bautista (Täuferkirche) fügt sich in die kolonialen Fassaden in Santa Clara, einer modernen Provinzhauptstadt, die hauptsächlich wegen der Begräbnisstätte Che Guevaras bekannt ist.

Unten:
Matanzas liegt in der Nähe von Varadero und galt zu Kolonialzeiten als das »Athen Kubas«. Es ist ein liebenswertes Städtchen, das von Flüssen und Brücken geprägt ist. Auf dem zentralen Parque Libertad trifft man sich zum Plausch.

Unten:
Museo Farmacéutico wird die wunderschöne alte Apotheke gleich am Parque Libertad genannt. Sie gehörte seit 1882 dem Ehepaar Triolet, beides begeisterte Pharmazeuten. Madame Triolet war die erste promovierte Frau Kubas.

Oben:
»Süßer als der Zuckerrohrsaft sind deine Küsse«, heißt es in einem Chachachá. Wer gerade nicht zum Küssen kommt, labt sich am »Guarapo«, dem Zuckerrohrsaft, der auch den Blutdruck senkt.

Oben:
Viel zu kaufen gibt es nicht im staatlichen Lebensmittelladen (»bodega«) – mit Glück ein paar Grundnahrungsmittel wie Reis, Bohnen oder Mehl.

Unten:
»Nie sah ich ein schöneres Land als dieses«, schwärmte Kolumbus im Bordbuch von seiner Neuentdeckung. An vielen Orten Kubas glaubt man dem Großadmiral aufs Wort. Das Tal Valle de Yumurí bei Matanzas scheint nahezu paradiesisch unberührt.

Rechts:
Orchideen pflücken ist verboten im Orchideengarten von Soroa, aber ein Orchideenbild des Malers José Bocourt Vigil kann man kaufen und mit nach Hause nehmen.

Ganz rechts:
Nicht weit ist es von Havanna zum Orchideenparadies Soroa, dem zweitgrößten Orchideengarten der Welt, in dem man die tropische Pflanzenwelt bestaunen kann.

Rechts:
Wem es zu heiß wird, der badet ein bisschen im Bassin des Wasserfalls El Salto bei Soroa.

Ganz rechts:
Jede einzelne Blüte ist eine Pracht im Orchideengarten von Soroa, der bereits 1943 gegründet wurde.

Kleine Bilder links: *An der Südküste der Provinz Matanzas liegt die sumpfige Halbinsel Zapata – das größte Ökosystem Kubas, mit Mangrovenwäldern und Sumpfkanälen. Es bietet Lebensraum für 16 Reptilienarten, darunter auch frei lebende Krokodile (zweites Bild von unten) und kleine Leguane (ganz oben), sowie seltene Säugetiere wie die Baumratte Jutía und die Seekuh Manatí. Auch über 100 Spinnenarten leben hier und unzählige Wandervögel verbringen in dieser Region einen angenehmen*

Winter. Alles steht unter Naturschutz, auch die vom Aussterben bedrohten Schildkröten (zweites Bild von oben).

Unten:
An der Laguna del Tesoro (Schatzlagune) auf der Zapata-Halbinsel hat man in den sechziger Jahren ein Indianer-Dorf nachgebaut. Hier lebten die Taínos, die ihre Insel Cubanacán nannten. Sie besaßen große handwerkliche Fähigkeiten, mit denen sie ihr alltägliches Gerät herstellten, wie Kanus, Fischergeräte, Waffen, Haushaltsgegenstände und Schmuck. Die Legende erzählt, dass die Taínos ihre Kultgegenstände und ihren Schmuck vor dem Zugriff der Spanier schützten, indem sie sie in die bis zu 10 Meter tiefe Schatzlagune warfen.

Seite 82/83:
Paradies unter Palmen: Die »Playas del Este«, zu der auch der Strand von Santa María del Mar gehört, sind so etwas wie die Badewanne von Havanna.

Links:
Baden im angenehm temperierten türkisfarbenen Meer gehört zu den Träumen eines jeden Kuba-Urlaubers.

Unten:
Der Traumstrand Varadero war vor der Revolution beliebte Sommerfrische der High Society und Mafiosi. Selbst Al Capone hatte hier ein hübsches Sommerhäuschen. Im Hintergrund die prächtige Villa des Chemie- und Waffenfabrikanten Du Pont, die heute ein Luxusrestaurant ist.

Links und ganz links:
Der Strand von Varadero bietet alles, was das Herz begehrt: viel Sonne, warme Wellen und angeregtes »beach-life«.

Unten:
Wassersport jeder Art wie zum Beispiel Segeln ist am Strand von Varadero, der keine Wünsche offen lässt, natürlich ebenfalls möglich.

Oben:
Auch auf Musik muss man an kubanischen Stränden niemals verzichten: Musiker am Strand von Santa María del Mar.

ZUCKERROHRPLANTAGEN BIS ZUM

Koloniale Idylle zu Füßen der Sierra del Escambray: das ehemals reiche Trinidad mit seinem Wahrzeichen, dem Barockturm des einstigen Franziskanerklosters. Bei den Palästen und Herrenhäusern in Trinidad ließen die Zuckerbarone ihrer Pracht- und Prunksucht freien Lauf.

Östlich von Havanna beginnt das Zuckerland. Hier dehnen sich endlose Zuckerrohrplantagen bis zum Horizont, unterbrochen nur von kleinen Dörfern und den Schloten der Zuckermühlen. Aus Zucker und Sklavenarbeit entstand der Reichtum, der sich in so prächtigen Kolonialstädten wie Trinidad niederschlug: Der gesamte alte Stadtkern rund um die Plaza Mayor ist ein großes Freilichtmuseum. Auch das »savoir-vivre« der reichen Zuckerbarone kann man nacherleben – der Stadtpalast der Familie Brunet ist heute ein Museum (Museo Romántico), in dem feinstes Porzellan, prächtige Kandelaber und Möbel aus Edelhölzern die Kolonialzeit lebendig werden lassen. Trinidad, malerisch zwischen der Sierra del Escambray und der türkisfarbenen karibischen See gelegen, ist ein Juwel kolonialer Baukunst. Typisch sind das noch von den Spaniern verlegte Kopfsteinpflaster und die kunstvoll geschmiedeten Fenstergitter, die großzügigen Einblick in die Häuser gewähren – schon zu Kolonialzeiten verbanden sie eher die Straße mit dem Haus als dass sie sie trennten.

Woher der Reichtum kam, lässt sich nur wenige Kilometer von Trinidad Richtung Osten anschaulich erkennen. Im weitgestreckten grünen »Tal der Zuckermühlen« schufteten tausende Sklaven unter sengender Sonne auf den Zuckerrohrfeldern. Die Glocke auf dem hohen Turm wurde benutzt, um ihnen Anweisungen zu geben oder die benachbarten Großgrundbesitzer vor einem Aufstand zu warnen.

Das charmante Städtchen Cienfuegos mit der größten Zuckerverladestation der Welt, die Schweinebucht (Playa Girón), die Krokodilfarm in Guama, das Che-Monument in Santa Clara und die paradiesischen Strände an der Nordküste (Varadeo, Cayo Coco, Cayo Guillermo) sind weitere Highlights in Zentralkuba.

HORIZONT – ZENTRALKUBA

Linke Seite:
Im Tal der Zuckermühlen (Valle de los Ingenios) bei Trinidad schnitten Sklaven das »grüne Gold«. Seit dem 18. Jahrhundert wurde das Tal, in dem es zeitweise bis zu 50 Zuckermühlen (»Ingenios«) gab, mit Zuckerrohr bebaut.

Vom Iznaga-Turm im Valle de Ingenios beobachteten Aufseher die Sklaven auf den Feldern. Der über 40 Meter hohe Turm ist nach allen Seiten durch hohe Arkaden geöffnet.

Der Zuckerbaron Iznaga war einer der reichsten Großgrundbesitzer der Kolonialzeit. Seine ehemalige Hacienda im Tal der Zuckermühlen kann man besichtigen – einschließlich der Fußketten und Strafblöcke für die Sklaven.

Links oben und unten:
Heute herrscht in den zum Teil recht unzugänglichen Tälern der Sierra del Escambray an der Südküste Zentralkubas friedliches Landleben (links oben), und in Topes de Collantes bei Trinidad (links unten) kann man bei naturheilkundlichen Kuren die Seele baumeln lassen. In den sechziger Jahren trieben hier »konterrevolutionäre Banden« ihr Unwesen, die sogar jugendliche Alphabetisatoren umbrachten.

Oben:
Als die Sowjetunion Kuba noch massiv unterstützte, war ein großer Teil der Zuckerernte mechanisiert. Heute wird angesichts des Benzinmangels wieder von Hand geerntet – eine Knochenarbeit. Die Zuckerrohrschneider (»macheteros«) verdienen zwar sehr gut, aber in kubanischen Peso, deshalb herrscht Arbeitskräftemangel. Selbst das Pflügen der Zuckerrohrfelder und der Abtransport des Zuckerrohrs findet mit natürlichen PS statt.

Seite 92/93:
Kubanische Cowboys bei La Alianca in der Provinz Camagüey. Traditionell werden hier die besten Rinder gezüchtet – eine spezielle Kreuzung aus holsteinischen Kühen und dem einheimischen Zebu.

Links oben:
Wie überall in Kuba herrscht auch in Sancti Spíritus, der Provinzhauptstadt, ein reges Straßenleben: ein kleiner Plausch vor einem Saftausschank.

Links Mitte:
In einem schönen Kolonialbau ist das Museo de Arte Colonial untergebracht, in dem man die Möbel der Zuckerbaron-Familie Valle Iznaga betrachten kann.

Links unten:
Bei sommerlichen Temperaturen sind Puppenkleider für die Kinder in Sancti Spíritus nicht so wichtig.

Unten:
Sancti Spíritus, ein sympathisch-verschlafenes Provinzstädtchen, wurde 1514 gegründet und ist eine der ältesten Siedlungen Kubas. Weil die Siedlung ständig von Piraten überfallen wurde, zog man um und verlegte den Ort an seinen heutigen Platz am Río Yayabo, über den die dreibogige Yayabo-Brücke führt.

Unten:
Auf der Halbinsel Punta Gorda lebte früher die feine Gesellschaft von Cienfuegos. Heute sind die pastellfarbenen Holzhäuser sanft verwaschen, was eine eher romantische Wirkung hat.

Oben:
Den kuriosen Palacio Valle ließ der spanische Zuckermillionär del Valle y Blanco 1913 bauen in Erinnerung an die maurische Pracht der Alhambra – der Palast wirkt mit seinen drei verschieden gestalteten Türmchen und vielen Simsen wie eine bunte Hochzeitstorte. In den fünfziger Jahren rollten hier die Roulette-Kugeln, denn damals gehörte der Palast einem Bruder des Diktators Batista.

Rechts:
In der Jagua-Bucht liegt das charmante Städtchen Cienfuegos. Der zentrale Platz Parque Martí mit seinem hübschen Musikpavillon Glorieta und einem kleinen Triumphbogen zur Erinnerung an die Republikgründung ist vor allem am Feierabend ein beliebter Treffpunkt.

Linke Seite:
Von dem Turm der Kirche San Francisco hat man einen weiten Blick über den Altstadtkern der Stadt der Zuckerbarone: Trinidad.

Unten und rechts:
Im Museo Municipal (Stadtmuseum) wird man geradewegs in die Kolonialzeit versetzt: Ein verschwiegener, kühler Patio (unten), elegante Salons und kostbare Möbel (rechts) zeugen von der angenehmen Lebensart der Zuckerbarone.

Oben:
Liebevoll restaurierte koloniale Pracht – der alte Ortskern von Trinidad ist ein architektonisches Juwel und die Plaza Mayor wohl der schönste Platz Kubas. Im Hintergrund der Palacio Brunet, in dem heute das Museo Romántico untergebracht ist.

Oben:
Am Ortsausgang von Trinidad holt einen das tägliche Leben samt Schwein wieder aus dem kolonialen Prachttraum in die Gegenwart zurück.

SANTERÍA – DIE

Was tun, wenn der Mann oder die Frau einen verlässt oder wenn man jemanden vergeblich anschwärmt? Wenn einem nichts mehr gelingen will und man nervös gegen Hindernisse anrennt, die sich zu großen Bergen auswachsen? Am besten, man konsultiert die afrokubanischen Götter, die Orichas, denn sie können Probleme dieser und anderer Art lösen und haben ohnehin überall ihre Hände im Spiel. Im ersten Fall ist die Liebesgöttin Ochún zuständig, eine Art schwarze Aphrodite, die nicht ganz zufällig die Schutzpatronin der Insel ist. Beim zweiten Fall dagegen ist ohne Elleguá nichts zu machen, denn er ist als Schicksalsgott der Herr über Wege und Kreuzungen und entscheidet über den guten oder schlechten Ausgang eines Unternehmens.

Der Götterhimmel über Kuba ist bunt und belebt – Ochún und Elleguá haben reichlich Brüder und Schwestern. Da ist die mächtige Meeresgöttin Yemayá, Schutzpatronin Havannas, ihr Sohn Changó, als Herr über Blitz und Donner, Trommeln und Musik und einer der drei Kriegsgötter – ein erotischer Supermann. Oder Babalú Ayé, der Herr über die Krankheiten, die sanfte Oyá, Herrin der Friedhöfe, und der Kriegsgott Oggún, der alles lenkt, was aus Eisen oder Metall ist (auch Flugzeuge, Schiffe, Eisenbahnen, Lkws und Autos).

WIE AUS AFROKUBANISCHEN GOTTHEITEN HEILIGE WURDEN

Sie alle kamen mit den westafrikanischen Sklaven nach Kuba, die nichts mitbrachten als ihre Musik, ihre Tänze und ihre Götter. Und eine magisch-animistische Weltsicht, die Kolonialherren, Amerikaner, Diktaturen und

Links:
Auch Nicht-Gläubige haben oft einen solchen »Kopf des Elleguá« im Haus, denn der Schicksalsgott und Herr der Wege und Kreuzungen sorgt dafür, dass nichts Böses von außen in das Haus kommt und jeder Weg, der im Haus beginnt, gut endet – wenn Elleguá will.

Oben:
Die Santera Cira aus Havanna neben ihrem Hausaltar. Die Götter leben gleich neben dem Herd – praktisch, denn sie müssen täglich versorgt werden.

Beide Bilder rechts oben:
Eine Zeremonie zu Ehren von Changó, dessen Tag der 4. Dezember ist, und sein katholisches Pendant die Heilige Barbara. Dass Changó männlich und Barbara weiblich ist, stört

AFROKUBANISCHEN GOTTHEITEN

die Revolution überlebt hat. Allerdings mussten sich die Götter dazu ein wenig verkleiden, denn die katholischen Spanier erlaubten nicht, dass die Sklaven Trommelfeste für ihre Götter feierten, bei denen sie so lange zum Klang der heiligen batá-Trommeln tanzten, bis sie in Trance fielen und die Götter von ihnen Besitz ergriffen. Also steckten die Sklaven ihre Götter in katholische Heiligengewänder, und setzten zum Beispiel Ochún mit der Barmherzigen Jungfrau vom Kupfer (Virgen de la Caridad del Cobre) gleich, Yemayá wurde zur Heiligen Jungfrau von Regla (Virgen de Regla), Changó verwandelte sich in die Heilige Barbara, Babalú Ayé in den Heiligen Lazarus (San Lázaro).

Doch das Wesen der Götter ist afrikanisch geblieben. Sie haben zutiefst menschliche Eigenschaften, Vorlieben und Abneigungen, sie sind eifersüchtig, gut gelaunt oder verärgert, sie lieben und hassen sich, sie essen und trinken – und sie sind bestechlich. Man kann sie günstig stimmen, indem man ihnen ihr Lieblingsessen kocht, ihre Lieblingsfarben trägt oder die Lieblingsblumen vor den Altar stellt. Doch am liebsten haben es die Götter, wenn man für sie trommelt und tanzt, denn im Tanz können sie sich zeigen. Die Gläubigen dieser wichtigsten afrokubanischen Religion, der Santería, sind davon überzeugt, dass Ochún, Yemayá, Changó und all die anderen unsichtbar unter den Menschen leben und der Klang der Trommeln sie sichtbar macht. Dann »reiten« die Götter auf den Tänzerinnen und Tänzern, die vorübergehend die Persönlichkeit der Gottheit annehmen.

BABALAWOS UND SANTEROS – MITTLER ZWISCHEN HIMMEL UND ERDE

Mittler zwischen Göttern und Menschen sind die Babalawos, meist männliche Weissagungspriester, die in der Lage sind, das Muschel-Orakel zu interpretieren und die Botschaften der Götter zu verstehen. Etwas unter ihnen in der Hierarchie der Santería stehen langjährige und erfahrene Santeros und Santeras, die sich auf kleinere Zaubereien verstehen. Bei ihnen sucht man Rat und praktische Hilfe bei Liebesproblemen und anderen Dramen des Alltags.

Hunderttausende Kubaner erwarten jedes Jahr mit großer Spannung den 1. Januar, denn an diesem Tag treffen sich in Havanna 500 Babalawos und befragen das Muschelorakel, um herauszufinden, was das neue Jahr für die Kubaner bringen wird. Zuerst stellen die Santeros fest, unter welchem Zeichen das neue Jahr steht. Für das erste Jahr des neuen Jahrtausends bekamen die Weissagungspriester »Ogbeweñe« heraus, und das bedeutet nicht allzu viel Gutes: viele Sorgen und Beunruhigungen, konkret: »Verzweiflung und überstürzte Auswanderung, mehr Diebstähle, Bedrohung durch Krieg und tropische Stürme.« Doch das Orakel weiß noch mehr. Zum Beispiel, dass die staatlichen Würdenträger sich weiterhin guter Gesundheit erfreuen – was im Klartext bedeutet: Fidel Castro wird zumindest 2001 nicht aus gesundheitlichen Gründen abtreten, wenn das Orakel Recht behält. Es ist nicht das erste Mal, dass das Muschelorakel deutliche politische Aussagen macht.

nicht wirklich, denn die Legende erzählt, dass Changó bei einem seiner vielen Liebesabenteuer in Frauenkleidern vor seinen Verfolgern fliehen musste.

Rechts: *Eine weiß gekleidete Santera legt einer Ratsuchenden auf dem Kathedralsplatz die Karten. Bis vor einigen Jahren waren solche Szenen auf Kuba undenkbar.*

Oben:
Ein kostbarer Zedernholzaltar steht in der San Juan Bautista-Kirche (Johannes dem Täufer gewidmet) in Remedios in Zentral-Kuba. Die meisten Kirchen der Insel dürfen heute wieder zum Gottesdienst benutzt werden, nachdem sie lange Jahre geschlossen waren.

Großes Bild und beide Bilder links: *Das Städtchen Remedios in Zentral-Kuba ist nicht nur wegen seiner berühmten karnevalesken Weihnachtsumzüge (»parrandas«) sehenswert. Auch zu »normalen Zeiten« macht es Spaß, hier kleine Straßenszenen zu beobachten und fernab von jeglichem Trubel mit den sympathischen Einwohnern, wie zum Beispiel einem Erdnussverkäufer (links), ins Gespräch zu kommen.*

OSTKUBA UND DIE

Santiago de Cuba ist die Karnevalshochburg der Zuckerinsel. Dem Karneval ist hier auch ein Museum gewidmet: im Museo del Carnaval finden Tanzvorführungen statt, zum Beispiel von der Tumba Francesa. Bei der Tumba Francesa sieht man, was aus französischen Hof-Contredanses und Menuetts in der subtropischen Karibik wurde – elegant getanzte, synkopierte Paartänze, bei denen man sich kokett verführt.

Je weiter man in den Osten Kubas fährt, desto näher kommt man der Geschichte der Insel. Im äußersten Ostzipfel, quasi am Ende der Welt, liegt, eingeklemmt zwischen einem mächtigen Tafelberg (»El Yunque«) und der karibischen See Baracoa, die erste Stadt Kubas. 1512 gründete Diego Velázquez hier die erste Siedlung, und für drei Jahre war Baracoa sogar die Hauptstadt der Insel.

Die unumstrittene Hauptstadt der Rebellion und der Musik gleichermaßen aber ist Santiago de Cuba. 1514 gegründet, verlegte Velázquez 1524 seinen Gouverneurssitz von Baracoa nach Santiago, und die Stadt blieb immerhin 25 Jahre lang die Hauptstadt Kubas – noch heute ist das stark karibisch geprägte Santiago, in dessen Straßen sich die Menschen im Rhythmus des Son bewegen, die heimliche Hauptstadt. In Santiago geht es gemächlicher zu als in Havanna, Charme und Witz ihrer Bewohner sind in Kuba geradezu sprichwörtlich. Eine riesige Fidel-Figur aus Neonröhren am Eingang der Stadt macht klar, worauf die Santiagueros immer stolz waren: »siempre rebelde« gewesen zu sein, immer rebellisch, gegen die spanischen Kolonialbehörden, gegen Piraten und gegen Diktaturen gekämpft zu haben. Besonders stolz ist man in Santiago und im ganzen Landesteil (der in Kuba umgangssprachlich immer noch »Oriente« heißt) darauf, dass hier der Nationalrhythmus Son entstanden ist, und dass die besten Troubadoure des Landes aus dieser Gegend kommen.

HEIMLICHE HAUPTSTADT DES LANDES

Rechts:
Malerisch liegt der Cayo Granma in der Bucht von Santiago. Heute eine beliebte Ausflugsinsel, war der Cayo zu Kolonialzeiten Sammelpunkt für die importierten Sklaven, bevor sie in andere Orte Kubas gebracht wurden.

Oben und ganz oben:
Auch Santiago hat (wie Havanna) seine Morro-Festung: hoch über den Klippen der Bucht thront sie wie eine Adlerfestung. Ein idealer Ausguck, um vor Piratenschiffen zu warnen, aber ebenso geeignet, nach Schiffen Ausschau zu halten, die man selbst kapern könnte – die Santiagueros waren ebenfalls gewiefte Piraten. Heute befindet sich in den ehemaligen Verliesen der Festung ein Museum der Piraterie.

Oben:
Santa Iglesia Catedral Metropolitana, die Kathedrale von Santiago, hat eine lange Bauzeit hinter sich. Der Nachfolgebau einer Holzkirche wurde 1815 begonnen und erst 1922 beendet. Beschützt wird das Gotteshaus durch eine monumentale Engelsfigur zwischen den beiden Türmen.

Rechts:
Die Avenida José A. Saco heißt im Volksmund »Calle Enramadas« und ist die belebteste Einkaufsstraße Santiagos. Das Angebot in den Geschäften ist zwar nicht gerade überwältigend, doch mit ihren Neonreklamen aus den fünfziger Jahren strahlt die »Enramadas« einen ganz eigenen Charme aus.

Links:
Santiago gilt in Kuba als »Wiege der Revolution«, und zwar nicht nur der letzten von 1959. Auch die beiden Unabhängigkeitskriege des 19. Jahrhunderts gingen von Santiago aus. Auf dem menschenleeren Platz der Revolution erinnert ein Denkmal an den schwarzen General Antonio Maceo, der das legendäre »ejército mambí« anführte, das aus ehemaligen Sklaven bestehende Heer.

Unten:
Das Rathaus (»Ayuntamiento«), von dessen blauen Holzbalkon Fidel Castro am 2. Januar 1959 einer begeisterten Menschenmenge den Sieg der Revolution verkündete, liegt am zentralen Platz Santiagos, dem Parque Céspedes.

Unten:
Santiago ist auch die unumstrittene Hauptstadt der Musik und des Tanzes. In der Casa del Estudiante wird Salsa unterrichtet.

Kleine Bilder rechts:
In Santiago entstand der Son, der Nationalrhythmus Kubas. Überall in den schmalen Straßen der Stadt hört man synkopierte Salsa-Klänge, melancholisch-

verschmitzte Boleros und afrokubanische Perkussion. Traditionell treffen sich die alten und jungen Troubadoure Santiagos in der »Casa de la Trova«. Jeden Tag gibt es mindestens zwei Vorstellungen zum Beispiel von »Septeto Tradición Morena« (oben). An den Wänden der Casa de la Trova hängen Portraits der legendären »Trovadores« aus Santiago, die Vorläufer von »Buena Vista & Co«: Manuel Corona, Miguel Matamoros, Nico Saquito und wie sie alle heißen (Mitte und unten).

Unten:
Die Höhenstraße La Farola führt über die Pässe der Sierra de Guantánamo nach Baracoa, geradewegs ans Ende der Welt.

Rechts:
Die Landschaft um Baracoa am Rio Duaba ist ein Naturparadies. Die tropische Vegetation leuchtet in allen Grüntönen.

Links:
Fernab von allen Pfaden, allein in der Natur: Reiter am Ufer des Rio Jojo, nördlich von Cajobabo.

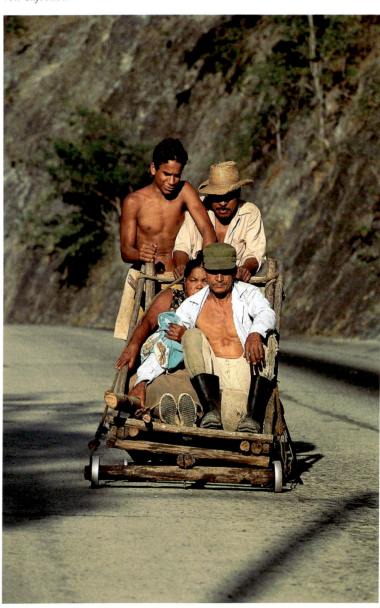

Oben:
Kein Pass ist ihnen zu hoch, keine Straße zu kurvig: Lastentransporter (»chivi chana«) am La-Farola-Pass.

Unten:
Auf dem Land sieht man sehr viele »Bohíos«, wie die in traditioneller Weise gebauten Häuser genannt werden. Sie sind bei dem feuchtheißen Klima Kubas sehr angenehm, denn das mit Palmstroh gedeckte Dach ist luftdurchlässig und die weiße Farbe reflektiert die Sonnenstrahlen.

Kleine Bilder rechts: Kakao (oben), Kaffee (Mitte) und Kokosnüsse (unten) wachsen vor allem in Ostkuba, in den Tälern der Sierra Maestra und der Sierra de Guantánamo. In Baracoa steht die einzige Fabrik Kubas, in der »Cucurucho« hergestellt wird, ein süßes, dreieckiges Gebäck aus Kokosraspeln mit Früchten.

Linke Seite:
Die Wallfahrtskirche von El Cobre bei Santiago ist der »Barmherzigen Jungfrau« geweiht, die niemand anderes als die afrokubanische Liebesgöttin Ochún ist. Die Legende erzählt, dass im 17. Jahrhundert drei kleine Jungen die hölzerne Statue der Jungfrau aus dem Meer gefischt und nach El Cobre gebracht hätten. In einer Nebenkapelle kann man unzählige Votivgaben betrachten, die Bauern aus der Umgebung für vollbrachte Wunder der Jungfrau/Ochún schenkten. Sogar Ernest Hemingway schenkte seine Nobelpreisplakette der Nationalheiligen Kubas; irgendwann wurde sie zwar aus der Votivkapelle gestohlen, doch die Diebe brachten sie wieder zurück. Seitdem wird die Medaille an einem sicheren Ort aufbewahrt.

Oben:
Die Basilika El Cobre liegt weithin sichtbar auf einem Hügel oberhalb des gleichnamigen Dorfes inmitten eines alten Kupferabbaugebietes. 1925 wurde das Bauwerk zu Ehren der Schutzpatronin »Virgen de la Caridad« errichtet.

Rechts:
Falls der stolze Oldtimer mal den Geist aufgibt, ist zur Not das Fahrrad zur Hand. Die Küstenstraße zwischen Trinidad und Cienfuegos ist eine landschaftlich sehr reizvolle Strecke – zur Linken plätschert die karibische See, zur Rechten erheben sich die grünen Bergzüge der Sierra del Escambray.

Unten:
Mit Pferdekarren lässt sich nahezu alles transportieren, sogar die dicken Eisblöcke in Contramaestre.

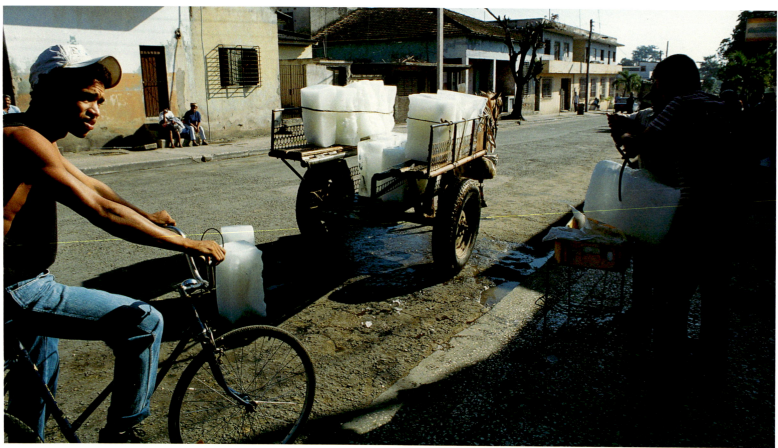

Oben links:
Wenn das Schwein verreisen muss, wird es eben auf ein Motorrad geschnallt.

Oben rechts:
Nicht gerade bequem, aber immerhin eine Möglichkeit, von A nach B zu kommen. Personen-Lkws dieser Art sieht man überall auf Kubas Landstraßen.

Links:
Milchtransport a la cubana: Bauern auf dem Weg zur Molkerei.

Links:
Das Klima im Südosten Kubas ist wesentlich trockener als in den anderen Teilen des Landes. Hier sieht man sogar Kakteen.

Links unten:
Auf Kuba eine Besonderheit ist der nahezu schwarze Strand bei Boca de Yumurí östlich von Baracoa.

Unten:
Die Küste bei Tortuguilla im äußersten Südostzipfel Kubas fällt zum Meer hin steil ab. Die schroffen und kargen Felsen haben ihren eigenen Reiz.

REGISTER

Register	Bildseite	Textseite
Baracoa	40, 112, 115	104
El Yunque		104
Bariay Bucht		14
Boco de Yumurí	120	
Camagüey	91	
Cayo Coco		86
Cayo Granma	106	
Cienfuegos	96	86
Glorieta Pavillon	96	
Parque Marti	96	
Triumphbogen	96	
Contramaestre	118	
El Cobre	117	
Basilica del Cobre	117	
El Salto-Wasserfall	78	
Finca Vigía	65	
Guama		86
Guantánamo Bucht		15
Guillermo		86
Havanna	9, 12, 34f, 51, 53, 57	16, 19f, 26, 41, 55, 101
Alt-Havanna	9, 34f, 53, 57	26
Basilica Menor	37	
Bodeguita del Medio	43	
Calle Obispo	34	
Calle Hamel	45	
Capitolio	9, 30	
Castillio de los Tres Reyes del Morro	61	
Centro	45	26
El Floridita	42	
Gran Teatro de La Habana	37	
Holguin		14
Iglesia de la Merced	35	
Kathedrale (Havanna)	35	
Malecón	8, 26, 30f	26, 41
Marina Hemingway	65	
Miramar		26
Museo de la Intervención	54	
Nationaltheater	38	
Plaza Central	36	
Plaza de la Catedral	35, 42	
Plaza de la Revolutión	38, 109	
Plaza Vieja	53	
Prado	12, 47	
Quinta Avenida		26
Santa Fe	65	
Tropicana	18, 38, 40	
Vedado		18, 26
Isla de Pinos		55
Iznaga Turm	89	
Jagua-Bucht	96	
La Alicana	91	
La Farola	112f	
Laguna del Tesoro	81	
Los Cayuelos		55
Matanzas	77, 80	
Museo Farmacéutico	77	
Parque Libertad	77	
Mogotes	9	26
Pinar del Rio	73	26, 71
Playa Girón (Schweinebucht)	54	86
Playas del Este	21	
Presidio Modelo		55
Punta Gorda	96	
Remedios	102f	
Iglesia Juan Bautista	102	
Rio Duaba	112	
Rio Jojo	113	
Rio Yayabo	93	
Sancti Spiritus	94f	
Museo de Arte Colonial	94	
Santa Clara	77	55, 86
Che-Monument		86
Iglesia Bautista	77	
Santa Maria del Mar	85	
Santiago de Cuba	104, 111, 117	16, 19, 54f, 104
Antonio Maceo-Denkmal	109	
Avenida José A. Saco	108	
Casa de la Trova	111	
El Morro (Santiago)	106	
Kathedrale	109	
Museo del Carneval	104	
Parque Céspedes	109	
Rathaus	109	
Santa Iglesia Catedral Metropolitana	108	
Sierra del Escambray	86, 91	86
Sierra de los Organos		26
Sierra del Rosario		26
Sierra Guantánamo	112, 115	
Sierra Maestra	115	16, 20, 55
Soroa	78	
Tarard		20
Topes de Collantes	91	
Tortuguilla	121	
Trinidad	41, 70, 86, 99	19, 86
Iglesia San Francisco	99	
Museo Municipal	99	
Museo Romántico	99	86
Palacio Brunet	99	86
Palacio Valle	96	
Plaza Mayor	99	86
San Francisco de Asís (Kloster)	36	
Valle de los Ingenios	89	
Varadero	85	86
Viñales	9, 17, 65, 69, 72f	20, 26
Yayabo-Brücke	95	
Zapata	80f	

Unabhängig von der Stromversorgung: Auch die ältesten Schreibmaschinenmodelle werden in dieser Reparaturwerkstatt in Remedios gehegt und gepflegt.

Impressum

Buchgestaltung
hoyerdesign grafik gmbh, Freiburg

Karte
Fischer Kartografie, Fürstenfeldbruck

Alle Rechte vorbehalten

Printed in Germany
Repro: Artilitho, Trento, Italien
Druck/Verarbeitung: Offizin Andersen Nexö, Leipzig
© Verlagshaus Würzburg GmbH & Co. KG,
Würzburg 2003
© Fotos: Karl-Heinz Raach

ISBN 3-8003-1544-0

Stürtz